Passagen Heft 26

Herausgegeben von
Peter Engelmann

André Markowicz

Könnte die Ukraine Russland befreien?

Aus dem Französischen von
Christian Leitner

Passagen Verlag

Inhalt

Könnte die Ukraine Russland befreien? 9

Der Krieg im *Kirschgarten* 10
Uwarows Triade, Putins Triade 28
Russland im Spiegel des Krieges 40

Anmerkungen 53

Ich bin kein Historiker, kein Politikwissenschaftler und auch kein Russlandexperte. Ich bin Schriftsteller, Übersetzer – und meine Muttersprache ist Russisch. Seit vielen Jahren übersetze ich auch auf andere Weise: Ich beobachte, wie die kleinen Tatsachen des Alltagslebens tiefere Tendenzen offenbaren oder zu offenbaren scheinen, Bewegungen jedenfalls, die über sie hinausgehen oder sie in einer langen Zeitspanne verorten. Das mache ich nicht etwa, indem ich Bücher übersetze, sondern indem ich auf Facebook schreibe, einem ortlosen Ort, den ich gerade deswegen gewählt habe, weil ich dort trotz aller Einwände frei sein, im „Fluss" schreiben konnte, wie man sagt, ohne mich um literarische Genres zu kümmern, ohne mich undurchlässigen Kategorien einordnen zu müssen; weil ich letztendlich einfach ein normaler Mensch sein konnte, der ein öffentliches Tagebuch führt – ein Online-Tagebuch, das mit einem privaten Tagebuch kaum etwas gemeinsam hat – und versucht, nachzudenken und etwas zu sagen, und dabei bemüht ist, einige grundlegende Werte nicht zu verraten.

Diese Notizen sind also strikt persönlicher Natur, es handelt sich um Erinnerungen und um Fragen.

Könnte die Ukraine Russland befreien?

Dieser Satz scheint unanständig, solange der Krieg tobt, die Ukraine verwüstet wird und Russland Anstrengungen unternimmt, ihre gesamte zivile Infrastruktur zu zerstören; während wir zugleich Zeugen einer beispiellosen ethnischen Säuberung werden – mehr als ein Viertel der ukrainischen Bevölkerung wurde ins Ausland fortgetrieben, zu Flüchtlingen gemacht – und während man Tag für Tag Dutzende Kriegsverbrechen aufdeckt, die von der russischen Armee begangen wurden; solange die schiere Existenz der Ukraine von Wladimir Putin in Frage gestellt wird. Und doch will ich diesen Satz wiederholen: Könnte die Ukraine Russland womöglich befreien? Wenn der von der ukrainischen Katastrophe ausgelöste Elektroschock stark genug wäre, dass die Russen wieder zu Bewusstsein kommen, dass er die Geschichte Russlands verändert?

Der Krieg im Kirschgarten

Am vergangenen 24. Februar hat mich in brutaler Weise die Tatsache frappiert, dass die ersten Kampfhandlungen in der Nähe von Charkiw auf dem Schauplatz von Tschechows *Kirschgarten*, dem „schönsten Herrengut der Welt“, stattfanden. Natürlich weiß man nicht, wo genau sich dieser Kirschgarten befindet, doch am Ende des Stücks gehen alle nach Charkiw. Dieser Landstrich, heute an der Grenze zwischen der Ukraine und Russland, ist die Gegend Tschechows … Tschechow, dessen gesamtes Werk ein Protestschrei gegen den Wahnsinn der russischen Potentaten ist, ein Aufruf, sich um die Tollheit der Menschen zu kümmern und daran zu arbeiten, „die Lebenden zu reparieren“.

Ich bin in der russischen Kultur aufgewachsen. Ich sage „russische Kultur“, aber wie lässt sich definieren, was die russische Kultur ist? Als gäbe es eine solche Wesenheit, die ein jeder teilen würde … Und wer sollte dieser „jeder“ sein? Jeder, der in Russland lebt, jeder, der Russisch spricht? Jeder beliebige? (Und als wären wir gleichermaßen imstande, die französische Kultur zu definieren). Sagen wir so: Ich habe, wie alle Russen (oder, in der einen oder anderen Weise, die allermeisten Russen meiner Generation und der drei oder vier vorehrgehenden Generationen) im Universum, in der Sprache Puschkins gelebt. Obwohl ich in Frankreich lebe und auf Französisch schreibe, habe ich stets Puschkin gelesen und gehört, habe Puschkin übersetzt – *Eugen Onegin*, *Boris Godunow*, *Die Hauptmannstocher* (mit der Hilfe von Françoise Morvan), Dutzende von lyrischen Gedichten – und ebenso die Gedichte von Puschkins Freunden, jener ersten Generation von Dichtern, die sich mit der Gewalt der Geschichte konfrontiert sahen (dies ist das Thema von *Le Soleil d'Alexandre*, erschienen bei Actes Sud). Aber es gibt zwei Gedichte, zwei Verserzählungen, zugleich episch wie auch lyrisch, die ich nie übersetzen konnte, *Poltawa* (1828) und *Der eherne Reiter* (1833).

Poltawa, geschrieben 1828, ist der schwärmerische Bericht vom Ruhm eines „Gottes der Heerscharen", Peters des Großen, der die russische Militärmacht erschuf, indem er im Jahre 1708 in Poltawa, Ukraine, über seine beiden Feinde triumphierte: König Karl XII von Schweden und seinen kosakischen Verbündeten, den Hetman Masepa. Andere Kosaken kämpften an der Seite der Russen, doch der wirkliche Feind Peters des Großen ist in Puschkins Erzählung Masepa. Puschkin beschwört den Triumph Russlands in zwei Versen, die auf Russisch so berühmt sind, dass sie zum Sprichwort geworden sind:

Так тяжкий млат,
Дорбя стекло, кует булат.

So zerschmettert der schwere Hammer
das Glas, doch schmiedet er den Stahl.

Als Puschkins Freunde 1829 dieses Gedicht lasen, waren sie empört darüber, weil sie es als eine Hymne an die Autokratie empfanden. Und tatsächlich handelt es sich um eine – man könnte meinen, manichäische – Hymne an Peter den Großen und die Macht Russlands. Warum jedoch „zerschmettert [der schwere Hammer] das Glas"? Muss der Hammer unbedingt Glas zerschmettern, um den Stahl zu schmieden? Tatsächlich stellt Glas in der russischen Dichtung wiederum eine – für jeden einigermaßen gebildeten Leser offensichtliche – Referenz auf die „Epistel über das Glas" des ersten großen russischen Dichters Michail Lomonossow (1711–1765) dar, der erklärte, dass Glas das Kostbarste ist, was es gibt, weil es zerbrechlich ist, die Wahrheit zeigt, weil es uns weiter in die Ferne sehen lässt, weil es nicht in der Natur vorkommt: weil es eine rein menschliche Schöpfung ist. Im Glas, erläutert Lomonossow, ist schlechthin die Größe des Menschen zusammengefasst. Diese Menschlichkeit also ist es, die der „schwere Hammer“ zerstört, wenn er das Russische Reich schmiedet. Die Heldin von Puschkins Gedicht, Maria, verliert, zwischen Hammer und Amboss dieser Gründung geraten, ihren Verstand.

Der eherne Reiter, geschrieben 1833, geht sogar noch weiter: Das Gedicht beginnt mit einer grandiosen Hymne an die schönste Stadt der Welt, Sankt Petersburg, erschaffen von Peter dem Großen, so wie Gott die Welt aus dem Nichts erschuf – in diesem Fall aus Sumpfland. Doch liegt diese Stadt unterhalb des Wasserspiegels und wird regelmäßig von Überschwemmungen heimgesucht. Eine dieser Überschwemmungen treibt einen einfachen Stadtbewohner in den Wahnsinn, weil er selbst zufällig am Leben bleibt, aber seine Geliebte verloren hat. Als er, nachdem sich die Wellen „wie ein Wildtier, von der Beute gesättigt“ beruhigt haben, versucht, sie wiederzufinden, ist sein Haus verschwunden. Wie Maria verliert er den Verstand, und als er an der Reiterstatue Peters des Großen vorbeigeht, droht er ihr mit einer lächerlichen Geste: „Ужо тебе“ (*uzho tebe*), sagt er (eine Art umgangssprachliche Drohung, in etwa: „Dir zeig ich’s noch“). Und ebenda, als Antwort auf diese Drohung, steigt die Reiterstatue von ihrem Sockel herab und beginnt, ihn über das tönende Kopfsteinpflaster zu verfolgen. Er wird später tot aufgefunden, auf einer abgelegenen Insel, in einem fast zerstörten Haus, das die Flut dorthin getragen hat …

Nicht umsonst hat Zar Nikolaus I. die Veröffentlichung dieses Gedichts verboten.

So sah das Schicksal des Glases, der Menschen in Russland, schon immer aus – sie werden zerschlagen, massakriert, oder sie verlieren den Verstand. Nicht nur im Zeitalter Puschkins, sondern zu allen Zeiten.

Märtyrologe all der Leben, die von den aufeinander folgenden Diktaturen eines Landes, das niemals die Freiheit gekannt hat, gebrochen wurden: Unzählige Menschen wurden von den verschiedenen Regimes, die einander in Russland abgelöst haben, massakriert, insbesondere seit 1917. Millionen und Abermillionen – Historiker diskutieren über die genaue Zahl dieser Millionen. Auch darüber, wie viele Millionen von Menschen während des Kriegs gegen Hitlerdeutschland, den die Russen als den „Großen vaterländischen Krieg" bezeichnen, ihr Leben verloren haben, während eines Krieges, in dem sich tatsächlich das ganze Land gegen die Barbarei der Nazis erhob. Die neuesten Untersuchungen sprechen, wenn die Todesfälle in sowjetischen Lagern und Gefängnissen während des Krieges mitgezählt werden, von etwa 42 Millionen … Wie viele Millionen Menschen starben zwischen 1920 und 1922 im Zuge der Kollektivierung den Hungertod (nicht allein die Millionen von Holodomor-Toten in der Ukraine, sondern überall in der UdSSR – so verlor Kasachstan in eben diesen Jahren 1.500.000 Einwohner, Hungertote wie in der Ukraine), und auch unmittelbar nach dem Krieg, 1945–1946? Ganze Völkerschaften – wie viele davon? – wurden von Stalins Handlangern deportiert. Wie viele Leben wurden da gebrochen?

Märtyrologe natürlich auch der russischen Literatur.

Unter der erdrückenden Herrschaft Nikolaus des I. würde ein Freund Puschkins, Wilhelm Küchelbecker, der am gescheiterten Staatsstreich der Dekabristen (am 14. Dezember 1825) beteiligt war, zwanzig Jahre lang in völliger Abgeschiedenheit inhaftiert bleiben. In einem seiner allerletzten Gedichte schrieb er, blind, unter Hausarrest, in einem entlegenen Dorf Sibiriens in völligem Elend lebend:

Allerorten verfolgt und bedrängt man den Dichter,
Doch das schlimmste Schicksal trägt er in Russland:
Rylejew war für die Schönheit geboren,
Doch liebte der junge Mann auch die Freiheit …
Am Galgen brach sich sein Märtyrerleben.

Er blieb nicht lang alleine: andre, die ihm folgten,
In Bann geschlagen von einem großartigen Traum,
Hat dieses tragische Jahr dahingerafft …
Brennenden Geistes, ihr Herz überquellend von Leben,
Frei schwangen sie sich empor, voller Kühnheit …

Und nun? Kasteit sie der Kerker,
Oder die Verbannung im Eis bis zum Tode …

Oder aber die Krankheit nagt an den Augen
Des Sehers, der nur mehr blasser Schatten ist;
Oder der schmähliche Liebhaber schickt seine Kugel
Eine von den Göttern gezeichnete Stirn zu durchschlagen;

Oder es entbrennt der taube, blutgeile, niedrige Pöbel,
Einen andren Erwählten in Stücke zu reißen,
Dessen strahlender Flug, wär es ihm nur gestattet gewesen,
Sein Vaterland in flutendes Licht getaucht hätte.[1]

Rylejew, Anführer der Dekabristen, gehängt; Küchelbecker selbst, als Blinder gestorben; Puschkin, im Alter von 36 Jahren in einem Duell getötet; Gribojedow, nach Teheran geschickt, wo er getötet werden sollte, weil er um eine Amnestie für die Dekabristen ersucht hatte; wie viele andere nach ihnen noch? Auch Lermontow, und dann im 20. Jahrhundert – die Liste wäre endlos lang.

Weil die Dichtung in Russland das Schicksal der Menschen teilte. Das verkündete Anna Achmatowa in ihrem *Requiem*, diesem Geheimgesang eines ganzen Volkes, das dem stalinistischen Terror ausgesetzt war: *Ich war mit meinem Volk zu jenen Zeiten, Dort war ich, wo mein Volk, zum Unglück, war*[2].

Das ist die historische Wirklichkeit. Eine jahrhundertealte historische Wirklichkeit. Unerhörte Gewalt. Gewalt und Angst. Und der Hass, der damit einhergeht. Unüberwindlicher Hass. 1918 waren es die Bauern seines eigenen Herrengutes, Michailowskoje in der Nähe von Pskow, die Puschkins Grabmal zerstörten – weil Puschkin ein Adliger war und alle Adligen getötet werden mussten. Oder symbolisch ein zweites Mal getötet. Und Alexander Blok, den Majakowski zufällig im postoktoberrevolutionären Petrograd trifft … Majakowski fragt, ob ihm denn all das gefällt, was er da sieht, ob es gut ist – all das, was er selbst als ein Fest betrachtet, als Zeugnis einer radikalen Erneuerung. Blok antwortet ihm: „Es ist gut". Dann ein Schweigen. Und Blok: „Die Bauern haben meine Bibliothek auf dem Lande niedergebrannt". Seine gesamte Bibliothek, alles, was er hatte. Majakowski berichtet uns diese Antwort mit einer Art unerbittlicher Ironie. So war es, Blok, nicht wahr, „es ist gut", und zugleich die Bibliothek, die verbrannt ist. Drei Jahre später, von Krankheit gezehrt, verzweifelt, verbittert, den bevorstehenden Tod spürend, den er im Grunde selbst herbeigerufen hat, wird Blok schreiben: „Am Ende wird sie mich aufgefressen haben, unsere alte skorbutkranke Mutter Russland, wie eine Sau ihre Ferkel frisst"; und Majakowski wird zum zehnten Jahrestag der Oktoberrevolution ein „Es ist gut" schreiben. Dann, nachdem er geschrieben hat, dass er „seinem eigenen Gesang auf die Kehle gestiegen ist", wird er sich eine Kugel ins Herz schießen.

Und die Brutalität der Aufstände gegen die Leibeigenschaft, gegen die Unterdrückung. Auch dazu wieder schrieb Puschkin, dem man Szenen der Gewalt von Seiten der einfachen Bevölkerung in Petersburg während der Choleraepidemie von 1831 geschildert hatte, in *Die Hauptmannstochter*: „Gott bewahre uns davor, je wieder einen russischen Aufruhr zu erleben, seinen Wahnsinn und seine Erbarmungslosigkeit."[3]

Wenn es nämlich auf der einen Seite das Glas gibt, so gibt es auf der anderen die Axt. Die Axt des Bauern, von der keine Nachsicht zu erwarten ist, so wie in der festen Redewendung: „Hier kommt Ivan [der Bauer], er kommt mit dem Beil" – was soviel heißt, wie dass es keine Gnade geben wird. Diese Axt, mit der Peter der Große dem *Ehernen Reiter* zufolge „ein Fenster nach Europa geöffnet hat" (Puschkin verwendet das Wort *prorubil*, „aufhacken"), indem er Petersburg gründete, ist das Beil Pugatschows, das Griniow in *Die Hauptmannstocher* im Traume sieht: Pugatschow ist sein „Hochzeitsvater“ (er führt ihn vor den Priester), und unmittelbar darauf beginnt er, rund um sich herum alles hinzumetzeln. Paradoxerweise ist es auch die Axt Raskolnikows in *Verbrechen und Strafe*, jene Axt, deren Verwendung beim Mord an der alten Wucherin und ihrer Schwester ihm die Sträflinge am Ende des Romans vorwerfen, denn er, Raskolnikov, sei zwar arm, doch ein Edelmann, und die Axt gehöre ihnen, den Männern aus dem Volk. Die Edelleute wissen nicht, wie man mit einem Beil umgeht. Es ist das Beil der Arbeiter Lopachins im *Kirschgarten*, die schon die Bäume fällen, während die ehemaligen Besitzer noch anwesend sind. „Tatsächlich, Ihnen fehlt sogar dieses Feingefühl“, sagt Trofimow zum neuen Besitzer des „schönsten Anwesens der Welt“, als Ljubow Andrejewna, die frühere Besitzerin, die in ihrer Gedankenlosigkeit alles vergeudet hat, mitteilen lässt, man solle ihren Aufbruch abwarten, bevor man alles zerstört. Dieser Kirschgarten, von dem wiederum Trofimow sagte: „Ganz Russland ist unser Kirschgarten“. Denn tatsächlich stellt für Tschechow der Kirschgarten das Bild Russlands als solchen dar, großartig, doch verwahrlost und dem Untergang geweiht. Und ja, den Bauern fehlt sogar dieses Feingefühl. Die Geschichte Russlands ließe sich von einem Beil zum nächsten lesen.

Die Soldatenstrolche von heute tun in der Ukraine dasselbe. Sie töten und plündern. Sie stehlen alles, was nicht niet- und nagelfest ist, nicht nur Telefone oder Fernseher, sie laden Kühlschränke in Lastwagen oder auf Panzer (ja, auf Panzer), sie stehlen Weidenkörbe, Kinderspielzeug (sogar kaputtes Spielzeug), sie durchwühlen schmutzige Wäsche (die vertriebene oder getötete Menschen nicht mehr waschen konnten) und stehlen Unterwäsche, sie plündern Wohnungen und schicken ihre Beute nach Russland, zu ihren Familien, die das offensichtlich akzeptieren. Sie töten, wie es ihnen gefällt. Sie montieren alle Türen eines Gebäudes ab, sämtliche Türen, außen und innen, sie töten die Menschen oder werfen sie hinaus, oder aber sie nehmen die Frauen, die jungen Mädchen, die kleinen Mädchen, vergewaltigen sie, richten sie hin und bleiben noch dort, neben den Leichen, eine Woche oder länger wohnen. Die Überlebenden erzählen das, als könnten sie es selbst nicht glauben – die Journalisten, die Zeugenberichte sammeln, trauen ihren Ohren nicht, und doch ist es so. Überall wiederholen sich die gleichen Szenen. Wo immer sie hinkommen, tun sie dasselbe.

Diese Gewalt reicht weit zurück. Man erinnere sich an den Tod von Hauptmann Mironows Frau, Marias Mutter, in *Die Hauptmannstocher*. „Einige Räuber zerrten Wassilissa Jegorowna auf den Flur hinaus, sie war zerzaust und ganz nackt. Einer von ihnen hatte bereits Zeit gefunden, sich mit ihrem Überwurf zu schmücken. Die übrigen trugen Pfühle, Kisten, Teegeschirr, Wäsche und alles mögliche Gerümpel [...]"[4] Man könnte glauben, dass Puschkin hier die Marodeure von Butscha beschreibt.

*

Ich wurde 1960 geboren. Mein Vater, ein französischer Journalist, Kommunist, arbeitete zwischen 1961 und 1964 in Moskau. Aus diesem Grund sprach ich als Erstes Russisch, auch deshalb, weil meine „Großmütter" mich betreuten – meine Großmutter und ihre Schwester, zwei winzig kleine Damen, die das Jahrhundert überlebt und alles gesehen hatten, was man nur sehen kann, von der Oktoberrevolution über die Deportierung nach Sibirien bis hin zur Blockade Leningrads. 1964 entschloss sich mein Vater zur Rückkehr nach Frankreich, weil er die Gewaltsamkeit des Alltagslebens nicht länger ertragen konnte, den Alkoholismus, die Gewalt der Beziehungen zwischen den Bürgern dieses Landes, das er so gern als das Vaterland des Sozialismus gesehen hätte, also als das Paradies auf Erden. In Wirklichkeit war das Paradies selbst für ihn, einen Privilegierten, ganz und gar unbewohnbar. Wir kehrten allerdings regelmäßig nach Leningrad zurück, und ich habe die UdSSR von innen gesehen.

In der UdSSR war alles sehr einfach: In den Läden gab es, was eben da war (nicht viel also, aber immer das Minimum), und wir wussten, wer der Feind war: die Sowjetmacht. Jeder – zumindest die Menschen in unserer Umgebung – wusste, dass er inmitten der Lüge lebte, dass nichts von dem, was man in der Presse lesen oder im Radio hören konnte, wahr war.

Später erlebte ich die Perestroika. Ich sah diesen Ausbruch von Energie, ganz plötzlich, in der Verzweiflung der wirtschaftlichen Krise; das Verschwinden der Ersparnisse eines ganzen Lebens über Nacht durch die Abwertung des Rubels und das Streben nach Freiheit, nach einer endlich laut ausgesprochenen Wahrheit. Der großtuerische Mythos von der zweiten Weltmacht, vom Vaterland des Sozialismus, zerbröckelte mit einem Mal im Horror von Tschernobyl, das heißt, im Schrecken von Unfähigkeit und Lüge. Plötzlich kehrten die Namen zurück. Man begann wieder, einige ganz wesentliche Schriftsteller zu veröffentlichen: Man druckte Solschenizyn in Millionenauflagen, druckte Achmatowa, druckte Bulgakow, Grossman, Brodsky – die Menschen begriffen nun, dass das, was „sowjetische Literatur" genannt wurde, eigentlich ein Nichts war; dass die wahren Autoren mundtot gemacht worden waren, dass das Bild, das man von seinem Land hatte, ganz und gar falsch war. Und ja, in der Krise, in der Anarchie, inmitten eines Mangels, der immer nur größer wurde, entdeckte man plötzlich, dass eine politische Debatte möglich war und dass es sogar möglich war, nach der Wahrheit dessen zu suchen, was während der achtzig Jahre des Sowjetregimes tatsächlich passiert war – die Tragweite der Katastrophe zu ermessen, die dieses Regime dargestellt hatte.

Tatsächlich war das Ausmaß dieser Katastrophe so unerhört, dass es für die meisten Menschen unvorstellbar war. Unerträglich. Nicht nur die Ungeheuerlichkeit der Vergeudung – auch das Gefühl von Scham. Ich erinnere mich an eine Szene in Petersburg, Ende der 1980er Jahre. Die Pensionisten bekamen ihre Renten nicht mehr ausbezahlt, die Leute – vor allem alte Menschen, meist alte Frauen – verkauften alles, nur um zu überleben, weil es nichts mehr gab. Und plötzlich kam dort, vor der U-Bahn-Station, die auf den Newski-Prospekt hinausführt, und wo sie schon stundenlang standen, ein Bus mit Touristen an. Auch sie waren Pensionisten – und sie sprachen Deutsch. Es war klar, von diesen Leuten, die nun als Touristen dort ankamen, hatten einige den Krieg nicht nur gekannt, sondern im Krieg gekämpft. Und jetzt kamen sie hier an, waren reich (wenigstens im Vergleich zu den Russen) und sehr zufrieden, sie spazierten durch die schönste Stadt der Welt. Wie sollte man eine solche Verletzung, eine solche Schande nicht empfinden? Das war aus dem Volk geworden, das die Schrecken von 1941–1945 ertragen hatte …

Dem Stalinismus wurde allerdings kein Prozess gemacht, weil die Mörder nicht besiegt worden sind. Die Männer des Sowjetapparats waren zu Geschäftsleuten, zu Mafiosi geworden. Mafiosi jedoch, welche die tatsächliche Macht ergriffen. Nein, niemand hat die noch lebenden Henker, die Verantwortlichen dieser Katastrophe vor Gericht gestellt. Die Auseinandersetzung mit dem, was geschehen war, und den Gründen dafür würde nur oberflächlich bleiben – ein paar Jahre lang war es möglich, darüber zu sprechen, aber der KGB blieb derselbe, und die Strukturen des Staates änderten sich letzten Endes nicht wirklich.

Und dann, während der gesamte Reichtum der Nation und alle großen Unternehmen den Freunden des Regimes in die Hände fielen, während die jüngeren kommunistischen Führungskader zum Raubtierkapitalismus konvertierten und die siebzig Jahre des sozialistischen Aufbaus sich in ihrer riesenhaften und tragischen Verlogenheit offenbarten, schlug mit Jelzin die Demokratie sehr schnell in eine Art erbärmliches Possenspiel um – Jelzin, der in den letzten Jahren, wenn man ihn im Fernsehen sah, stets nur krank war, der kaum noch irgendetwas allein tun konnte und der sich vor allem immer nur betrunken in der Öffentlichkeit zeigte. Ich erinnere mich an das wahrhaft nationale Trauma, das er auslöste, als er am 6. Juni 1999 anlässlich von Puschkins zweihundertstem Geburtstag auf den Bildschirmen erschien und versuchte, eine Rede über den Dichter zu halten. Die Rede war kurz gewesen, allerdings von sehr langen Momenten des Schweigens unterbrochen, während derer er verzweifelt versuchte, wieder zu Sinnen zu kommen. Er hatte etwas gemurmelt wie: „Bürger und Bürgerinnen Russlands, wir feiern den zweihundertsten Geburtstag unseres großen Dichters. Gestern Abend habe ich ihn wieder einmal gelesen. Ich schwöre, er ist komplizierter als man es uns in der Grundschule gesagt hat". Und er schwieg. Diese Ansprache des russischen Präsidenten brachte niemanden zum Lachen. Sie wurde als Schande empfunden, als nationale Schande, als eine weitere Verletzung für alle und jeden. Denn Puschkin wird in Russland als etwas Heiliges und Intimes betrachtet. Er ist die russische Sprache als solche, und gehört auf diese oder jene Weise für einen jeden zum Schönsten, was es in Russland gibt.

Sechs Monate später wurde der torkelnde Alkoholiker durch jemanden ersetzt, der nicht trank – zumindest nicht in der Öffentlichkeit –, der allerdings, um an die Macht zu kommen oder sich an der Macht zu halten, nicht zögern würde, Gebäude in Moskau in die Luft zu sprengen, den Tschetschenen dafür die Schuld zu geben und einen erbarmungslosen Krieg zu provozieren – einen Krieg, der heute als Vorwarnung erscheint. Dieselben Methoden – systematische Massaker an Zivilisten, Vernichtung der gesamten Infrastruktur, Zerstörung der Hauptstadt Grosny und Errichtung eines Terrorregimes, das sehr schnell einem pöbelhaften Soldaten, Ramzan Kadyrov, in die Hände fiel.

Ich erinnere mich an einen Abgeordneten der Petersburger Stadtversammlung, der verblüfft erzählte, wie er Putin auf einem Flur begegnet war. Putin, Adjunkt des liberalen Bürgermeisters Anatoli Sobtschak, selbsterklärter Demokrat, klopfte ihm, während er mit ihm über irgendein aktuelles Problem sprach, in einer Anwandlung von guter Laune und Aufrichtigkeit (er, der immer undurchschaubar und distanziert war) auf die Schulter und sagte ihm etwas, was man folgendermaßen übersetzen könnte: „Warum beschäftigst du dich mit diesem Schwachsinn? Das einzige, was du jetzt tun musst, ist Kohle scheffeln, Kohle“. Was diese „Kohle“ betrifft, so ist sicher, dass Putin und die

Seinen seit den 1990er Jahren viel davon gescheffelt haben. Das ist hier nicht der Ort, ausführlich darauf einzugehen – andere haben darüber gesprochen und Beweise geliefert, die die tatsächliche Inbesitznahme des gesamten Staatsapparats durch die Putin-Mafia und den unglaublichen, unanständigen Reichtum der Oligarchen und des obersten Oligarchen, Putins selbst, zu belegen.

Zugleich muss auch gesagt werden, dass Putin in seinen ersten Jahren an der Macht echtes Ansehen genoss. Erstens, weil das Land sich dank der Ausbeutung seiner natürlichen Rohstoffe sehr rasch entwickelt hat, wodurch sich schließlich sehr schnell eine soziale Klasse von Verbrauchern entwickeln konnte, das Kleinbürgertum, welches, wie man uns sagt, den Zement der Demokratie darstellt. Die Menschen lebten – zumindest in den Großstädten – besser, die Löhne und Renten (die zum größten Teil weiterhin armselig blieben) wurden ausbezahlt. Und er hatte ganz plötzlich, so dachte man, die Schande getilgt.

Doch gerade da begann die Schande, ihr Gesicht zu verändern.

Uwarows Triade, Putins Triade

An verschiedenen Orten der Welt sind Dutzende von Untersuchungen erschienen, die Putin porträtieren und seinen Aufstieg, seinen Werdegang, seine Herkunft nachzeichnen sollen. Das ist hier nicht der Ort, all diese Dinge noch einmal zu wiederholen. Putin befand sich am Schnittpunkt zweier Interessengruppen, die sich zusammentaten, um die Macht in Russland zu ergreifen und zu behalten: der KGB-Apparat und die Mafia. Putin hatte als Spitzel gearbeitet, als Agent des sowjetischen Unterdrückungsapparates, zu einer Zeit, als die UdSSR noch nach Dissidenten jagte, und er stellte die Verbindung zur sogenannten „Tambower“ Mafiabande her (die Gründer der Gruppe stammten aus der Stadt Tambow). Diese Vereinigung wurde zunächst im Rathaus von Leningrad-Sankt-Petersburg vollzogen. Putin verdiente seine ersten Dollarmillionen in den frühen 1990er Jahren, während er das „Rohstoffe gegen Nahrung“-Programm koordinierte und dabei Mittel veruntreute, zum Zeitpunkt des Zusammenbruchs der UdSSR, als das Land aufgrund der chaotischen Umstände und der von den Eliten betriebenen Sabotage der Reformen tatsächlich von einer Nahrungsmittelknappheit bedroht war. Damals überließ er der Mafia auch den Markt der Hafenterminals von Petersburg, und diese Häfen ermöglichten nicht nur den Handel mit Rohstoffen und Konsumgütern, sondern auch, ganz unschuldig und dabei in industriellen Mengen, mit kolumbianischem Heroin. Man hat Putin an die Macht gebracht, um Straffreiheit für die Familie Jelzin zu garantieren. Er hat es sich in seiner Macht eingerichtet, indem er Terrorangriffe inszenierte und einen Krieg auslöste. Er hat stets im Zeichen des Krieges regiert. Er war es, der im Jahr 1999 die (vorgeblich tschetschenischen) Anschläge auf Wohnhäuser inszenierte (die etwa 300 Todesopfer forderten); er war es, der als Antwort auf diese vermeintliche „islamistische Aggression" den zweiten Tschetschenienkrieg vom Zaun brach. Dieser Krieg nun – wie erwähnt eine präzise Vorwegnahme dessen, was sich heute in der Ukraine abspielt – war es, der, wie man in Russland sagte, „die Schande" des ersten Tschetschenienkriegs fortwusch, in dem die inmitten des allgemeinen Chaos völlig desorganisierte russische Armee von einigen tausend Unabhängigkeitskämpfern vernichtend geschlagen wurde. Die Mittel, die man dabei einsetzte, waren radikal. Die Kriegspropaganda war äußerst einfach gestrickt und die Rhetorik, man könnte sagen – viril: „Wir werden sie noch in ihren Scheißhäusern umbringen, wenn wir sie bis in die Scheißhäuser verfolgen müssen", hatte Putin verkündet. Plötzlich war in einem Russland, das sich in völligem Zerfall befunden hatte, wieder die Stimme eines Führers zu hören, eines echten Führers, vulgär, dem Anschein nach stark und zu allem bereit. Damals stellten nur sehr wenige Stimmen die offizielle Erzählung in Frage (man befand sich bereits im Krieg gegen Al-Qaida, und das Wort „Islamist“ reichte aus, um alles und jedes zu rechtfertigen). Die Schande war fortgewaschen, so schien es jedenfalls. Niemand, oder kaum jemand, versuchte in Erfahrung zu bringen, wie dies geschehen konnte, und ob die Schande nicht etwa von einer noch größeren Schande fortgewaschen worden war. Die Russen hatten nun von neuem den Eindruck, dass das Land wieder zur Großmacht geworden sei.

Dieselbe Gewaltbereitschaft bestimmte auch die Art und Weise, wie man mit der Nord-Ost-Geiselnahme im Oktober 2002 umging (bei der die tschetschenischen Geiselnehmer vom FSB zum Handeln angestiftet worden waren, und bei der Gas eingesetzt wurde, um diese zu neutralisieren), und später mit der Geiselnahme in der Schule von Beslan (333 Tote, darunter 187 Kinder). Wieder einmal war von der islamistischen Bedrohung die Rede (es war schon nach dem 11. September), und angesichts dieser Bedrohung konnten die Methoden der russischen Polizei und Armee, insbesondere wie sie von den Mehrheitsmedien dargestellt wurden, schließlich als legitim durchgehen. Und so ging es weiter, Monat um Monat. Putin verpasste nach und nach jederlei Opposition, jedem Ausdruck von Dissidenz einen Maulkorb. Zunächst wurden unbequeme Fernsehsender wie NTV unter Kontrolle gebracht, und allmählich spürte man, wie die bleierne Decke der Zensur zurückkehrte. Anna Politkowskaja, Journalistin der *Nowaja Gaseta*, die unermüdlich Nachforschungen darüber betrieb, was in Tschetschenien während des Krieges geschehen war und was seither noch geschah, wurde 2006 ermordet – von Agenten Ramzan Kadyrows: faktisch von Agenten des FSB. Sehr schnell wurden die Oligarchen gleichgeschaltet, und da Michail Chodorkowski, dessen Ölimperium außerhalb von Putins System errichtet worden war, ein Einlenken verweigerte, wurde er nach einem grotesken Prozess zu zehn Jahren Gefängnisstrafe verurteilt. Dann wurde im Jahr 2014 Boris Nemzow praktisch am Fuße der Kremlmauern ermordet, und auch diese Tat war ein Zeichen, eine Machtdemonstration, die vom Zynismus der offiziellen Dementis nur verstärkt wurde. Und dann die manipulierten Wahlen – die immer stärker manipuliert wurden, seit Alexei Nawalny, als er 2013 bei den Kommunalwahlen in Moskau kandidierte, fast 30% der Stimmen erhielt. Ganz offensichtlich manipulierte Wahlen, wiederum fast so, als würde man sich zu diesen Manipulationen bekennen. Seit 2013 hat sich das Regime stets weiter verhärtet, ist tiefer und tiefer in Lug und Betrug versunken.

Monat für Monat musste ich das Heranwachsen einer Rhetorik von Hass und Krieg mitansehen – Hass gegen einen Westen, den man als Vektor der Dekadenz und der Auflösung moralischer Werte darstellt –, eines Diskurses der belagerten Festung.

Putins Hintergrund ist nicht nur vom KGB und der Tambow-Mafia geprägt. Er regiert nach einem in Russland wohlbekannten Prinzip, das nach 1830 die offizielle Doktrin des Zarismus darstellte. Hinter seinen Slogans von Stärke und Stabilität bringt Putin die Regierungsgrundsätze Nikolaus des I., die sogenannte „Uwarow-Triade" (Graf Sergei Uwarow war Innenminister Nikolaus des I. und einer der wichtigsten Verfolger Puschkins), zur Anwendung. *Prawoslawie, samoderzhawie, narodnost – Orthodoxie, Autokratie, nationales Prinzip.*

Der einzige Unterschied besteht darin, dass Putin diese Triade umkehrt und nicht die Orthodoxie, sondern eben die Autokratie voranstellt. *Autokratie, Orthodoxie, nationales Prinzip*, so lautet seine persönliche Triade.

Autokratie, das bedeutet absolute Vertikalität der Macht und folglich die Ablehnung jeder Form von Demokratie. Zur Autokratie gehört aber auch der Führerkult. Bei meinen regelmäßigen Besuchen in Russland frappierte mich die Inszenierung des Führers, der Virilismus, der an all den Kiosken und Touristenläden gleich neben den Bernsteinketten und Matrjoschkas propagiert wurde: Putin-T-Shirts (unterschiedlicher Art, manchmal Putin als Wolf, manchmal als Biker in Lederjacke), Putin-Teetassen, allerlei russische Flaggen, russische Flaggen als Badetücher, als Liegestühle (die Liegestühle hatten mich beeindruckt, ich verfasste später eine eigene kleine Chronik über die nationalistische Bildsprache im Vergleich, von bretonischen Liegestühlen in Weiß und Schwarz zu den russischen in den Farben des Sankt-Georg-Bandes oder der Trikolore). Und zugleich Damenpullover mit Panzermotiven.[5] Ein Führerkult, der sehr schnell ins Lächerliche spielte: Der Führer an seinem Klavier, der Führer beim Eishockey – es wurde eine eigene Eishockey-Liga geschaffen, damit der Führer mit seinen Freunden spielen und Tore schießen kann, ohne je zu verlieren – der Führer mit glattrasiertem Oberkörper beim Angeln nach Hechten. Eine denkwürdige Szene: Er zieht mit Leichtigkeit einen riesigen Hecht aus dem Wasser, der allerdings doch ein wenig zappelt (er hat zweifellos seine Rolle schlecht gelernt), und jemand sagt zum Führer: „Vorsicht, er könnte beißen“. Der Häuptling antwortet: „Da hätte ich ihn längst als Erster gebissen“.

Insgesamt ein immer und überall zelebrierter Führerkult, wie in den schlimmsten Jahren des Stalinismus: der Präsident der Duma, der erklärt, dass nicht das Gas, nicht das Erdöl den wahren natürlichen Reichtum Russlands darstellt, sondern Putin. Ein Führer, dem natürlich niemand zu widersprechen wagt und der nunmehr – auch diesmal wieder mit Hilfe eines völlig verfälschten Referendums – die Verfassung geändert hat, um bis ins hohe Alter regieren zu können.

Und seine Residenzen … Alexei Nawalny hat seinen geheimen Palast am Schwarzmeerufer gezeigt. Sehr auffällig an diesem Palast ist, dass alles darin nicht nur zum Hässlichsten gehört, was der Markt hergibt, sondern auch zum Teuersten. Bis hin zu den Toilettenbürsten, die vergoldet, wenn nicht gar aus Massivgold sind. Kurz, ein gewisser Mangel an Noblesse – ich habe es einmal so ausgedrückt: eine Art *Escobarismus*.

Orthodoxie: Für Nikolaus den I. stellt die Orthodoxie das Gründungsprinzip des Russischen Reiches dar und impliziert die Vertikalität einer in ihrem Wesen göttlichen Macht. Der Kaiser ist von Gott gesalbt und regiert daher mit Unterstützung der Kirche. Nicht nur sieht Putin kein Problem darin, wenn Kadyrow in Tschetschenien, das – theoretisch – immer noch integraler Bestandteil eines säkularen Staates ist, die Scharia walten lässt, auch er selbst stützt sich auf den Apparat der orthodoxen Kirche. Das Vergehen der „Beleidigung religiöser Gefühle" wurde wieder eingeführt. Ein Delikt, das für alles und jedes anwendbar ist, genau wie in der Zeit des Zarismus. Putin erhebt für sich ausdrücklich Anspruch auf göttliche Salbung – mit Hilfe des Kirchenapparats, der ebenso korrupt ist wie alle anderen Staatsorgane, seitdem die russisch-orthodoxe Kirche in einem Land, in dem die Gewalten laut Verfassung getrennt sind, praktisch zu einem Staatsorgan geworden ist. Diese göttliche Salbung erreicht Gipfelpunkte des Grotesken. Man erinnert sich zum Beispiel an die Episode vom Esel am Berg Athos, der während eines der zahlreichen Besuche Putins im Kloster beharrlich dem Geländewagen folgte, den der Präsident auf den kurvigen Straßen der Insel lenkte. Der für den Pressedienst zuständige Mönch meinte ganz arglos: „Dieser Esel hat die Aura des großen Mannes gespürt";[6] Wladimir Solowjow, der Journalist, der die Anekdote kommentierte, fügte dem „großen Mann" noch eine Steigerung hinzu:

„Führer des konservativen Lagers in Europa und den Vereinigten Staaten (*sic*)“.

Denn selbstverständlich erlaubt es die ständige Bezugnahme auf die Lehren der orthodoxen Kirche, Anspruch auf die „traditionellsten“ und reaktionärsten Werte zu erheben – insbesondere, und zwar mit oftmals mörderischer Gewalt, Homosexuelle verächtlich zu machen (die in der offiziellen Presse regelmäßig mit Pädophilen in einen Topf geworfen werden) und zu verkünden, dass es nur ein Familienmodell gibt, in dem der Mann das „Oberhaupt“ ist.

Der dritte Zweig der Uwarow-Triade wird auf Russisch als *narodnost* bezeichnet. Dieses Wort ist sehr schwierig zu übersetzen, weil *narod* sowohl „Volk“ als auch „Nation“ bedeutet. *Narodnos*t ist alles, was mit dem *narod* zu tun hat, damit, was man heute seine „Identität“ nennt. Die meisten Historiker übersetzen dies als „nationales Prinzip“. Die Diktatur braucht das Epos. Dostojewski, in dieser Hinsicht Sprecher der Slawophilen (die sich jeder Annäherung an westliche Werte widersetzten), verherrlichte das russische Volk als Volk der „Gottesträger“ oder jedenfalls als Träger eines ihm eigenen Gottes. Im Lauf der Jahre hat sich das von Putin geführte Land immer tiefer in die Mythologisierung einer neu geschriebenen, als einzig legitim dargestellten russischen Geschichte verrannt. Denn das Volk, das Gott berufen hat, ihn auf Erden zu vertreten, kann nur ein heldenhaftes sein und auf eine großartige Vergangenheit zurückblicken. Putin war verantwortlich für ein Umschreiben – eine Fälschung – der wahren Geschichte, wie sie in den wenigen Jahren der Liberalisierung allmählich zum Vorschein gekommen war. Die Schließung der (kaum erst geöffneten) Archive der stalinistischen Repressionen; die Verfolgung von Menschen, die, wie Juri Dmitrijew[7] und Hunderte andere, inoffizielle Untersuchungen unternahmen, um beispielsweise die Massengräber der Opfer der stalinistischen Erschießungen zu finden; die beharrliche Zuweisung der Verantwortung für diese Erschießungen nicht an das NKWD[8], sondern, je nachdem, an die Nazis oder, im Fall Juri Dmitrijews, an die Finnen; das Verbot jeglicher unabhängiger Forschung über den Krieg; die Verfolgung und Inhaftierung all jener, die die Methoden in Frage stellen, mit denen es der russischen Armee schließlich gelungen war, den Zweiten Weltkrieg zu gewinnen; die alltägliche Verfolgung von Memorial International (der wichtigsten NGO in Russland, die sich dem Schutz des Menschen und der Wahrung des Andenkens an die Opfer der Sowjetmacht widmete), bis zu ihrem endgültigen Verbot und ihrer Auflösung Ende Dezember 2021; Einführung von Gedenkgesetzen mit der Benennung eines Straftatbestands der „Verbreitung notorischer Falschinformation über das Vorgehen der UdSSR während des Zweiten Weltkriegs“ (diese „notorische Falschinformation“ bezieht sich auf alles, was das monolithische Epos eines in den glorreichen Tagen des „Großen Vaterländischen Krieges“ stets geeinten sowjetischen Volkes direkt oder indirekt in Frage stellt). In einem Land, in dem die meisten Veteranen, wie alle Pensionisten, unterhalb der Armutsgrenze leben, hat Putin eine landesweite Parade ins Leben gerufen, das „Unsterbliche Regiment“, bei dem zu jedem 9. Mai (dem Jahrestag des Siegs über das Naziregime) Millionen von Russen unter den Farben Putins defilieren und dabei Fotos ihrer im Krieg verstorbenen Verwandten in die Höhe halten. Damit wird Putin die Salbung dieser Millionen von Menschen zuteil, die zwischen 1941 und 1945 ihr Leben ließen.

Darüber hinaus impliziert die Berufung auf das *nationale Prinzip* auch, dass das russische Volk das eigentliche Volk Russlands ist, dass in Russland einzig und allein eine slawische Nation existiert, dass das Territorium des Imperiums in seiner Gesamtheit dem des *russkij mir* entspricht, der „russischen Welt“, mit der die anderen Slawen verschmelzen sollen. Das proklamiert Putin seit Jahren: Die Uwarow-Triade impliziert einen panslawistischen Nationalismus.

Allerdings werden die Uwarow'schen Prinzipien in Putins Russland, so wie im kaiserlichen Russland, allerdings auf noch deutlichere Weise, von innen her zerfressen oder in der Realität durch Korruption entkräftet. Diese Korruption gab es natürlich schon immer. Als er 1790 Europa besuchte, antwortete der Historiker Nikolai Karamsin einem Freund, der ihn nach Neuigkeiten aus der Heimat fragte: „[Wie gewohnt], man stiehlt". Man erinnere sich an den Richter Ljapkin-Tjapkin in Gogols *Revisor* (sein Name bedeutet im Übrigen soviel wie *Solang es niemand sieht*), der erklärt, dass er für seine Urteile keineswegs Geld als Gegenleistung annimmt: „Es gibt solche kleinen Sünden und solche. Ich sage ganz offen, dass ich Bestechungsgeschenke annehme, ja, aber was für Geschenke? Barsoi-Welpen. Das ist etwas ganz anderes". Und der Bürgermeister selbst tadelt einen Gendarm, Derschimorda (was mehr oder weniger *Halt die Fresse* bedeutet): „Was hast du neulich beim Kaufmann Tschernajeff ausgefressen? Er schenkt dir zwei Ellen Tuch zur Uniform, und du maust ihm das ganze Stück – pass Obacht! Zu so was bist du noch zu gering! Marsch!"[9]

Mit Putin hat sich Gogols Russland längst überholt. Ich musste an die Szene aus dem *Revisor* denken, als im August 2017 ein Gesetzentwurf auftauchte, der „Geschenke" an Beamte erlauben sollte, solange … diese Geschenke in Russland hergestellt sind. Ein Gesetzentwurf aus dem Handelsministerium … In Russland kommt man zu keinem Ende, wenn man Geschichten über die Korruption erzählt.

Dabei ist diese Korruption so riesenhaft, so tiefgreifend, dass sie das Regime in Gefahr bringt.

Russland im Spiegel des Krieges

Der von Putin begonnene Krieg ist eine Konsequenz der Uwarow-Triade. Er stellt Russland vor einen Spiegel, in dem sich eine dreifache Ungeheuerlichkeit, ein dreifacher Bankrott ablesen lässt.

Der von der panslawistischen Ideologie verursachte Bankrott. Russland muss die slawische Welt beherrschen (dabei ist seltsamerweise nicht von den Südslawen die Rede – den „Jugoslawen" … diese haben offensichtlich das Recht, autonom zu bleiben, wiewohl sie dennoch als Satelliten gesehen werden). Putin hat es wiederholt ausgesprochen, die Ukraine existiert nicht und soll nicht existieren. Russland muss sich von Wladiwostok bis nach … erstrecken – ja, wohin eigentlich? Bis Brest-Litowsk oder bis Kiew? Jedenfalls muss Russland alle russischsprachigen Regionen der

Ukraine beherrschen (grob gesagt die ganze Ostukraine, obwohl man eigentlich überall Russisch spricht und natürlich auch in den östlichen Regionen Ukrainisch gesprochen wird). Doch scheint dieses Ukrainische für die Kreml-Ideologen keine echte Sprache zu sein – obwohl es sich vom Russischen ebenso sehr unterscheidet wie beispielsweise das Portugiesische vom Spanischen –, sondern gerade einmal Dialekt. Sobald die Ukrainer sich widersetzen, müssen sie auf die Wahrheit ihrer Nichtexistenz zusammengestutzt werden: indem man sie vernichtet. Das tut die russische Armee durch Luft- und Bodenbombardements, die Zerstörung der gesamten zivilen Infrastruktur, durch Plünderungen und Morde und Tausende von Vergewaltigungen und Entführungen.

Der Bankrott der russisch-orthodoxen Kirche, die Putins Armeen segnet und mit der Stimme des Metropoliten Kyrill verkündet, dass diese „Militäroperation“ nicht etwa ein Krieg gegen die Ukraine ist, sondern einer gegen *gay pride* in all ihren Formen, denn westliche Demokratie bedeutet zunächst und vor allem die Vernichtung der gottgewollten traditionellen Werte der Familie und des Vaterlands.

Schließlich der Bankrott, den die endemische Gewalt verursacht, die alle menschlichen Beziehungen durchherrscht – zweifellos nicht so sehr in den privilegierten Schichten der Hauptstädte (welche die meisten westlichen Besucher kennenlernen), aber durchaus in den Provinzen, in den allerentlegensten ländlichen Gebieten, die sich selbst überlassen wurden, ohne jedes Gesetz zum Schutze der Menschen, denn Putins Russland ist nicht das „Einige Russland" seiner Partei, sondern ein Konglomerat lokaler Potentaten.

Putin hat das Land an Warlords und Mafia-Capos ausgeliefert, deren einziger Auftrag darin besteht, sich zu mästen, unter der Bedingung, dass sie regelmäßig „Kassetten" (so heißt, glaube ich, das Wort; wie dem auch sei, es handelt sich schlicht um Aktenkoffer voller Banknoten) nach Moskau schicken, wo es eine Dienststelle der Präsidialverwaltung gibt, die sich um das Einsammeln der „Kassetten" aus dem ganzen Land kümmert.

Ein Spiegel der Brutalität der Armee selbst, die eines der wesentlichen Instrumente der großen Verdummung darstellt – diese endemische Gewalt, durch die selbst in Friedenszeiten jedes Jahr gut tausend junge Menschen umkommen, namentlich durch die sogenannte Dedowschtschina (ein System systematischer Schikane – meines Wissens gibt es kein adäquates französisches oder deutsches Wort zur Bezeichnung dieser Institution). Es ist keine bloße „Kameradenschinderei", sondern ein veritabler Initiationsprozess, an dessen

Ende der Berufene sich entweder den Grobianen angleicht, die ihn schikanieren, oder physisch und moralisch vernichtet wird. Der Militärapparat war in Russland immer schon ein großes Brechwerk des Menschlichen.

Nun verursacht die Realität jedoch Risse in der Propaganda, und Russland wird sich damit auseinandersetzen müssen.

Damit, dass es auf die eine oder andere Weise einer militärischen Niederlage gegenübersteht, die im Wesentlichen der Korruption zu verdanken ist. Aufgrund der radikal schlechten Vorbereitung der Truppen und aller internen Geheimdienste, die Putin offensichtlich einen Sieg in wenigen Tagen und einen Triumphzug durch ein Land ankündigten, das die russischen Soldaten, die kommen, um eine massiv russlandfreundliche Bevölkerung vom Nazismus zu befreien, freudig empfangen würde. Milliarden von Rubeln hatte man für militärische Geheimdienste und Propaganda ausgegeben, und diese Milliarden sind offenbar von den Generälen, die sie erhielten, schlicht unterschlagen worden …

Vergleichbares geschieht allerdings auf allen Ebenen. Schon in den ersten Kriegstagen stellten die Ukrainer bei der Beschlagnahme eines Konvois der russischen Intendanz mit Verwunderung fest, dass das Haltbarkeitsdatum der Essensrationen für die Soldaten abgelaufen war … seit April 2015. Was wohl bedeutete, dass die frischen Rationen einfach abgezweigt worden waren … Man sieht die Verwüstung, die von den russischen Bombardements in den Städten angerichtet wird. Es scheint jedoch, dass etwa die Hälfte der Bomben nicht explodiert. Sie explodieren nicht, weil anscheinend das Unternehmen, das für die Zertifizierung des Militärmaterials zuständig ist, den Zuschlag dafür erhalten hat, ohne über die erforderlichen Kompetenzen zu verfügen. Sein Direktor war Komplize eines der Befehlsgeber im Verteidigungsministerium … Und dem Verteidigungsminister Schoigu selbst, der Putins engstem Kreis zuzurechnen ist, ist es gelungen, sein eigenes Ministerium mit Versorgungsverträgen um etwa eine Milliarde Dollar zu prellen.

Viel schwerer wiegt jedoch, dass Russland sich den Verbrechen seiner Armee wird stellen müssen. Die offiziellen Leugnungen hinsichtlich vermeintlicher *fake news* aus Butscha schaffen da natürlich keine Abhilfe: die Dinge liegen klar. Man kann heute Konsumgüter, die in der Ukraine gestohlen wurden, auf Gebrauchtwarenmärkten in Russland und Weißrussland nachverfolgen, und die Telefone lassen sich im letzten Winkel Russlands orten. Das ist in einer Minute durchzuführen, mitsamt den Namen und Adressen der Nutzer (und damit der Mörder oder zumindest der Hehler). Die ukrainischen Nachrichtendienste nehmen auch Mobiltelefongespräche auf … So unwahrscheinlich es klingen mag, die russischen Soldaten (Offiziere und einfache Soldaten) benutzen ihre eigenen Telefone und, noch häufiger, ukrainische Telefone mit ukrainischen SIM-Karten.[10]

Während ich dies schreibe (April 2022), geht es in den festgehaltenen Gesprächen um eine Direktive des „Obersten Befehlshabers": Die Städte sollen dem Erdboden gleichgemacht werden, und zwar alle Städte, kein Stein soll auf dem anderen bleiben. Ich habe schon an anderer Stelle dieses abgefangene Gespräch zwischen zwei russischen Offizieren wiedergegeben. Der erste berichtet, dass er ein Dorf besetzt hat:

„Nein, eigentlich kein Dorf", fährt er fort, „eine Art Kleinstadt" [seine ganze Rede ist mit Obszönitäten durchsetzt].

– „Aha", sagt der andere, „aber du rückst weiter vor?"

– „Ja, ich rücke vor, aber ich hatte keine Zeit zum ‚Aufräumen'."

– „‚Aufräumen' brauchst du nicht", fährt der andere fort, „du sollst стереть с лица земли (*steret' s litsa zemli*)."

Was soviel bedeutet wie „dem Erdboden gleichmachen“, doch die wörtliche Übersetzung ist noch anschaulicher: „vom Angesicht der Erde tilgen“. Man „räumt“ nicht einfach nur „auf“, sondern vernichtet alles und jedes.

Die Verbrechen gibt es.

Auch die Verluste gibt es. Und ich spreche nicht von all den massakrierten, bombardierten, kaltblütig ermordeten, erschossenen Zivilisten, von den systematischen Vergewaltigungen. Ich spreche von den russischen Verlusten: Man zählt bisher schon mehr als 20.000 Tote, und obwohl die Russen sich derzeit weigern, die Leichen ihrer Soldaten zurückzunehmen, wird diese Situation kein Dauerzustand bleiben können. Irgendwann wird diese Wirklichkeit über die Mauer der Propaganda hinweg zu den Familien gelangen müssen.

Es gibt diese Verluste und auch den erbitterten Widerstand der ganzen Ukraine. Die russische Armee – vermeintlich eine der mächtigsten Armeen der Welt – wird nicht nur von der ukrainischen Armee (niemand in Russland noch im Westen hatte erwartet, dass diese so stark und entschlossen kämpfen würde), sondern vom gesamten ukrainischen Volk in Schach gehalten.

Schließlich gibt es auch noch die Sanktionen, die das Land in eine beispiellose Rezession stürzen werden. Schon jetzt brechen ganze Industrie-

und Gewerbezweige zusammen. Und es wird immer klarer, dass das Regime während beinah eines Vierteljahrhunderts an der Macht rein gar nichts getan hat, um die nationale Produktion zu entwickeln – im Gegenteil, es hat alles getan, durch Schutzgeldforderungen, Korruption und die Konzentration auf den Kriegsdiskurs, um die Entstehung einer Ökonomie von Einzelunternehmen zu hemmen. In Russland ist gar nichts national, außer den natürlichen Rohstoffen, und diese Rohstoffe sind das einzige, was exportiert werden kann. Tatsächlich liegen die Dinge so: Es wird einen Mangel an grundlegenden Produkten des täglichen Lebens geben, weil sie entweder gänzlich aus dem Ausland kommen oder aber mit Komponenten aus dem Ausland hergestellt werden. Und heute kommt nichts mehr aus dem Ausland.

Diese Krise fängt jetzt, während ich dies hier schreibe, gerade erst an. Sie wird mit Sicherheit das gesamte Land ins Elend stürzen. Sie wird wohl auf die eine oder andere Weise das Land mit sich selbst konfrontieren. Mit seinem eigenen Bild.

Von der Stabilität, die Putin versprochen hat, wird nichts übrig bleiben. Außer der Schande. Und Tausende und Abertausende von Toten, die diese „Stabilität“ verursacht hat.

*

Es ist unumgänglich, dass die Wirklichkeit der von der russischen Armee in der Ukraine verübten Verbrechen das Bewusstsein der Russen selbst erreicht. Für den Augenblick bleiben sie durch die kaum unüberwindbare Wand eindringlicher Propaganda völlig von echten Informationen abgeschnitten. Alexei Nawalny ruft aus seinem Gefängnis heraus die Welt dazu auf, einen Informationskrieg zu führen, um diese Situation zu ändern. Putin brüstet sich mit Umfragen, die bereitwillig von zahlreichen westlichen Kommentatoren übernommen wurden und denen zufolge 70, ja sogar 80% der russischen Bevölkerung das unterstützen würden, was immer noch hartnäckig als „die Spezialoperation zur Entnazifizierung der Ukraine" bezeichnet wird. Diese Zahlen aber, so erinnert uns Nawalny, sind falsch: Wer wäre denn unter einer Diktatur, wo jede abweichende Meinung einen Gefängnisaufenthalt bedeuten kann, bereit, einem Meinungsforscher – einem Fremden – gegenüber zu sagen, was er wirklich denkt? Bedeutsam an diesen Umfragen ist, dass die überwiegende Mehrheit der befragten Personen eine Antwort verweigert … Und eben dieses Verweigern einer Antwort kommt als solches schon einer Ablehnung gleich.

Und trotzdem: Ja, während ich diese Zeilen schreibe, unterstützt die Mehrheit der Russen Putin oder scheint immer noch gleichgültig. Es führt kein Weg daran vorbei, dass sich das ändert. Eine Bewusstwerdung, so schmerzhaft sie auch sein mag, wird irgendwann doch erfolgen müssen. Wenn Putin die Wahlen in einem solchen Ausmaß manipuliert, dann wohl deshalb, weil er wissen muss, dass ihn freie Wahlen stürzen würden. Er hat keinen Rückhalt in der Bevölkerung. Aber es ist notwendig, dass die Menschen, die heute so heldenhaft auf die Straße gehen, um gegen den Krieg zu protestieren, und sich verhaften lassen (wobei sie manchmal einfach nur eine Ausgabe von „Krieg und Frieden" hochhalten – weil das Wort „Krieg" verboten ist), von jedem Einzelnen unterstützt werden. Die Schande muss die Seite wechseln.

Putins Regime ist die Schande Russlands – gewiss, eine Schande im Gefolge vieler anderer Schanden, allerdings eine ganz besonders schändliche Schande, weil sie das grundlegende Paradigma vom Bild des Landes in der Welt auf den Kopf gestellt hat: Das Land, das die Welt vor dem Nazismus gerettet hatte, überfällt ein demokratisches Land, unter dem Vorwand, es vom Nazismus zu befreien. Putins Regime hat aus Russland ein Land gemacht, das nicht nur gefürchtet, sondern gehasst wird. Er hat im Namen der Verteidigung der „russischen Welt" das Bild Russlands und seiner Kultur beschmutzt.

Die von den russischen Invasoren begangenen Verbrechen sind offensichtlich, sie werden aufgezeichnet und registriert, und es ist unerlässlich, dass die Verbrecher vor Gericht gestellt werden – dass sie allesamt vor Gericht gestellt werden, von den vergewaltigenden Soldaten bis hin zum „Oberbefehlshaber“. Wer soll sie vor Gericht stellen? Und wie? Nicht nur die internationale Gemeinschaft, es muss in Russland selbst geschehen. Es ist unerlässlich, dass Russland Reparationen leistet … Auch wenn es natürlich unmöglich ist, das zerbrochene „Glas“ zu reparieren, die vielen Tausende von zerstörten Leben. Doch ja, ein russisches Nürnberg ist unentbehrlich.

Wie kann es dazu kommen? Ich habe keine Ahnung. Wohl weiß ich allerdings, dass Russland, solange dies nicht auf die eine oder andere Weise geschieht, so furchtbar der Schock auch sein mag (durch den Zusammenbruch des Regimes oder durch eine noch heftigere Krise – „Gott bewahre uns vor dem russischen Aufstand!“, sagte, wir erinnern uns, Puschkin), isoliert, elend, von Scham und Hass gezeichnet bleiben wird.

Bekanntlich mochte Tschechow Dostojewski nicht besonders – weder seine metaphysischen Gewitterstürme noch seine messianischen Vorstellungen vom Schicksal Russlands. Er sagte, es sei nicht die Aufgabe der Schriftsteller, den Menschen zu sagen, wie sie leben *sollen*, sondern ihnen zu zeigen, wie sie leben.

Die Russen müssen in diesem Krieg, wie in allem anderen auch, den Übergang von Dostojewski zu Tschechow vollziehen: die konkrete, menschliche, alltägliche Wirklichkeit dessen sehen, was geschieht. Die Lüge des Epos von sich weisen. Ja, sich endlich selbst so sehen, wie sie sind. Dann erst, und nur dann, wird die Ukraine – um den Preis welcher Katastrophe und welcher Tragödien! – Russland befreit haben.

April 2022

Anmerkungen

1 Französisch in André Markowicz: *Le Soleil d'Alexandre*, Paris, Babel Actes Sud, 9.
2 Deutsch von Elke Erb.
3 Deutsch von Friedrich Scharfenberg.
4 Ebd.
5 Siehe den Beitrag vom 28.10.2015 auf meiner Facebook-Seite: „Sonnenliegen und Badetücher. Essay in vergleichender Rhetorik". Der Leser findet dort das Foto eines Strickoberteils mit der Abbildung eines Panzers und einer marschierenden Armee. Dort habe ich angemerkt, im Vergleich mit der Verwendung von Flaggen in der Bretagne, wo sie auf Fladenkuchen und Liegestühlen allgegenwärtig sind, und unter Bezugnahme auf Françoise Morvans bei Actes Sud veröffentlichten Essay *Le Monde comme si* (Die Welt als ob): „Seit Putin ist Russland einem Identitätswahn verfallen – einem Wahn des nationalen ‚Stolzes', und auch hier werden die Zeichen vervielfacht. Die Zeichen und Diskurse. Die Fabrikation eines kriegerischen ‚Wir' durch die gesamte Propaganda des russischen Staates, eines alten, einheitlichen und fordernden ‚Wir', in seinem Stolz verletzt und unterdrückt von den Nationen des Westens. Ein aufdringliches, um nicht zu sagen invasives ‚Wir'. Man kann ihm nicht entkommen. Eine ‚Welt als ob', diesmal allerdings von gigantischem Ausmaß. Auffällig am

Nationalismus ist, wie sehr er absolut alles ist, nur nicht national: Es sind überall dieselben Rezepte, derselbe Kult der Zeichen, derselbe Kommerz. Ich glaube, ich könnte noch Dutzende andere Liegestühle finden, wenn ich ein wenig recherchieren würde. Es gibt einen, allerdings entscheidenden, Unterschied zwischen der Bretagne und Russland. Wenn man sich in Russland diesem Kult des Stolzes nicht unterwirft, riskiert man tatsächlich zunächst seine Karriere und manchmal sogar das Leben. Putins Nationalismus ist ein mörderischer Nationalismus".

6 Siehe mein Posting vom 29. Januar 2018, „Putins Esel". Ich spreche dort über einen Propagandafilm zu Ehren Putins, *Der Präsident* (2015) von Regisseur Wladimir Solowjow, der auf einem offiziellen russischen Sender (Rossia 24) ausgestrahlt wurde. Folgendes war mir darin besonders aufgefallen: „Dann, gegen Ende, erklärt Alexei Miller, Generaldirektor der Gazprom, dass ihn, als er einmal inkognito zu einem Kloster kam, die Äbtissin erkannte und ihm sagte: ‚Wissen Sie, es gibt immer mehr Gläubige, die nach Messen oder Danksagungen für den Präsidenten der Russischen Föderation verlangen'. Die folgende Sequenz (zwischen 2:14:10 und 2:16:50) beschreibt die erste Reise, die Putin im Jahr 2005 zum Berg Athos unternahm. Dabei – man stelle sich das vor – sagt ein Mönch (ich transkribiere): ‚Nach einem feierlichen Empfang in der Hauptstadt des Berges Athos, der Stadt Karyes, übernahm Wladimir Wladimirowitsch [Putin] höchstpersönlich das Steuer und brach zum Kloster des Heiligen Pantaleon auf, und gleich draußen rechts wartete ein Athos-Esel. Zuerst fuhr ein Polizeiauto vorbei, dann ich in meinem Wagen, und hinter mir folgte der Präsident, doch direkt vor ihm machte sich, aus irgendeinem Grund, plötzlich dieser Esel auf den Weg und begann, in der Mitte der Fahrbahn vor dem Präsidenten herzurennen.

Wenn dieser versuchte, ihn links zu überholen, ging der Esel nach links, wenn er es rechts versuchte, ging der Esel nach rechts, eine ganz eigenartige Situation! … Und dann begriff der Präsident, dass da etwas Außergewöhnliches geschah, und er folgte dem Esel. Ich sage Ihnen, wir haben so etwas auf dem Berg Athos noch nie gesehen […] Ich möchte eine Sache anmerken, wenn das passiert ist, so ist es ein Zeichen, das die Muttergottes, die Schutzherrin des Bergs Athos, gesandt hat – ein Zeichen, ich weiß nicht welcher Art, für den Präsidenten, aber ich glaube, er wird es wohl besser verstehen als ich.'"

7 Juri Dmitrijew (geboren 1956), unabhängiger Historiker und ehemaliger Leiter der Karelien-Sektion von Memorial, stellte Untersuchungen zu den stalinistischen Massakern und insbesondere den Massengräbern von Sandarmoch in den Jahren 1937–1938 an. Nach zahlreichen Prozessen wurde er inzwischen aufgrund absurder Anschuldigungen der Pädophilie zu fünfzehn Jahren strenger Inhaftierung verurteilt.

8 Das „Volkskommissariat für Innere Angelegenheiten", zu dem die politische Polizei gehörte.

9 Deutsch von Theodor Commichau.

10 Sie verwenden ukrainische SIM-Karten, weil das Verschlüsselungssystem der russischen Armee, das ERA-System, nicht funktioniert: Die Militärs begannen mit der Zerstörung der Internet-Sendeantennen, bedachten dabei jedoch nicht, dass sie für ihr verschlüsseltes System ebenfalls das Internet benötigten … Offensichtlich war niemand in der russischen Armee auf die Idee gekommen, dass man vorher daran denken und ein eigenes Internet-Netzwerk hätte mitbringen müssen. Kurz gesagt haben sie ihr verschlüsseltes System, auf das sie so stolz waren und das sie Milliarden von Dollar gekostet hatte, selbst kaputt gemacht.

Passagen Thema

Ganna Gnedkova (Hg.)

Ukraine mon amour

Stimmen einer freien Nation

Nach Jahrhunderten des Kampfes um ihre Unabhängigkeit und Souveränität wurde die Ukraine 1991 endlich wieder ein freies Land. Doch seit ihrer Unabhängigkeit versucht das imperialistische Russland die Ukraine wieder zu kolonialisieren. *Ukraine mon amour* ist eine essayistische Chronik des russischen-ukrainischen Krieges, der in Wahrheit bereits acht Jahre andauert. Die Essays dieses Bandes, die von Ende 2013 bis Anfang 2022 verfasst wurden, sind ein Spiegel des Kampfes der Ukraine gegen Fremdherrschaft und Okkupation. Es sind die Stimmen der Ukraine, keine Stimmen über die Ukraine. Das Buch präsentiert Texte aus der Zeit nach dem russischen Überfall auf die Krim und spiegelt die Auseinandersetzung prominenter ukrainischer Schriftsteller und Intellektueller mit der daraus entstandenen Situation sowie mit grundsätzlichen Fragen unserer gesellschaftlichen Orientierung.

Passagen Hefte

Alain Badiou

Traut den Weißen nicht!

Alain Badiou untersucht in Auseinandersetzung mit philosophischen, politischen und dichterischen Texten – unter anderem Derridas *Von der Gastfreundschaft* und Chamoiseaus *Migranten* –, wie es aktuell um die Sache des universalen nomadischen Proletariats steht. Ausgehend von dem französischen Phänomen der Gelbwesten und der Arroganz der Politikerkaste rückt Badiou den Gedanken in den Mittelpunkt, dass die Welt unsere Heimat ist und dass die sogenannten Migranten eine zentrale Rolle in der Gegenwartspolitik spielen. Das Ertrinken im Mittelmeer, die Festnahmen und Abschiebungen dürfen nicht länger geduldet werden. Gemeinsam mit dem universalen nomadischen Proletariat muss an einer Ethik des Welt-Lebens gearbeitet werden, an dem, was Badiou den neuen Kommunismus nennt.

Passagen Hefte

Alain Badiou

Zur Desorientierung der Welt

Bei den Demonstrationen gegen die Corona-Maßnahmen ließ sich in jüngster Zeit ein Phänomen beobachten, das für viele politische Bewegungen der Gegenwart charakteristisch ist: Radikale jeglicher Couleur – von extrem links bis extrem rechts – versammeln sich im Zeichen obskurer und fragwürdiger Zielsetzungen, um eine diffuse Unzufriedenheit angesichts der aktuellen Welt zum Ausdruck zu bringen. Woran es diesen Bewegungen vor allem mangelt, ist die Orientierung an einer konsistenten politischen Vision. Anstatt sich immer weiter in Teilbewegungen zu fragmentieren, die widersprüchliche Partikularinteressen vertreten, ist es aus Badious Sicht unerlässlich, dass sich die Befürworter einer emanzipatorischen Politik wieder hinter klare und eindeutige Prinzipien stellen und eine politische Wahrheit behaupten. Auf dem Spiel steht dabei nicht weniger als die fragile Zukunft einer Welt, die immer mehr in Krieg und Barbarei zu versinken droht. Die Zeit drängt. Deswegen gilt es, unverzüglich zu handeln.

Passagen Hefte

Jacques Rancière

Zehn Thesen zur Politik

Die *Zehn Thesen* verknüpfen in ebenso prägnanter wie polemischer Weise die Vielfalt von Rancières politischem Denken zu einem klaren und stringenten Gesamtbild. Zentrale Motive wie der Gegensatz von Politik und Polizei, das Problem der Subjektkonstitution, die Frage nach der Bedeutung der politischen Philosophie und nach dem Stellenwert der Demokratie erhalten in demselben Maß Kontur, wie ihr argumentatives Ineinandergreifen sichtbar wird. Gerade durch die kondensierte Form gewinnen Rancières Gedanken an Plausibilität und Verbindlichkeit.

Passagen Hefte

Jacques Rancière

In welchen Zeiten leben wir?

Ein Gespräch mit Éric Hazan

Der Titel dieses Buches ist wörtlich zu nehmen: Im Gespräch mit Éric Hazan durchleuchtet Jacques Rancière die politische Gegenwart. Er spricht vom Volk, von der Demokratie, von Repräsentation, von der ästhetischen und politischen Revolution, von Aufständen der Vergangenheit und Besetzungen der Gegenwart. Vor allem aber spricht Rancière von einer Zeit, der die Geschichte nichts versprochen und der sie keine Lehren vermacht hat – einer Zeit aus reinen Momenten, die so weit wie möglich auszudehnen sind. In der Politik gibt es nur Gegenwarten, und in jedem Augenblick stellt sich von neuem die Frage, ob die Fesseln der inegalitären Knechtschaft erneuert oder Wege der Emanzipation eröffnet werden.

Passagen forum

Peter Engelmann

Das Passagen Projekt

Mit Büchern philosophieren

In der Rückschau auf 35 Jahre philosophischer und verlegerischer Tätigkeit gibt der Philosoph und Verleger Peter Engelmann mit einer Auswahl zentraler Texte einen Einblick in die Entwicklung seiner philosophischen Positionen, die das Passagen Projekt motiviert und seither geleitet haben. Im Spannungsfeld dieser Texte werden die Umrisse einer philosophischen Position erkennbar, die als explizit antitotalitäres Denken im Anschluss an die Derrida'sche Dekonstruktion auch ein politisches Anliegen hat. Was bedeutet es für eine Philosophie, wenn sie sich nicht im institutionellen Rahmen der Universität, sondern im Kontext eines verlegerischen Projekts entfaltet, d. h. im Dialog mit Texten und Büchern anderer? Der unabhängige Programmverlag erweist sich dabei als ideales Forum für ein Denken, dass seinem antitotalitären Anspruch in letzter Konsequenz nur dadurch gerecht werden kann, dass es einen diskursiven Raum eröffnet, in dem unterschiedliche kritischen Stimmen vernehmbar werden und auch als individuelle Positionen differenzierbar bleiben.

Deutsche Erstausgabe
Titel der Originalausgabe: *Et si l'Ukraine libérait la Russie ?*
Aus dem Französischen von Christian Leitner

Die Deutsche Nationalbibliothek verzeichnet diese Publikation in der Deutschen Nationalbibliografie; detaillierte bibliografische Daten sind im Internet über http://dnb.dnb.de abrufbar.

ISBN 978-3-7092-0539-6

http://www.passagen.at
Grafisches Konzept: Ecke Bonk
Satz: Passagen Verlag Ges. m. b. H., Wien
Druck: Ferdinand Berger & Söhne GmbH, 3580 Horn